Leserabe

1. Lesestufe

Martin Klein

Baumhausgeschichten

Mit Bildern von Stéffie Becker

Mildenberger Verlag

Ravensburger

Ravensburger Leserabe

Mildenberger Verlag GmbH, Postfach 20 20, 77610 Offenburg und
Ravensburger Verlag GmbH, Postfach 24 60, 88194 Ravensburg

Umschlagbild: Stéffie Becker
Fachberatung: Dr. Birgitta Reddig-Korn

ISBN 978-3-619-14452-5
(für die gebundene Ausgabe im Mildenberger Verlag)
ISBN 978-3-473-46194-3
(für die broschierte Ausgabe im Ravensburger Verlag)

www.mildenberger-verlag.de
ravensburger.com/service
www.leserabe.de

Inhalt

Die Geburtstagsbretter

Mama und Papa wecken Basti
mit einem Lied.
Aber Basti ist längst wach.

Was für Geschenke wird er bekommen?
Was wird Basti heute
mit seinen Freunden unternehmen?

„Großes Geburtstagsgeheimnis“,
haben Mama und Papa gesagt.
Basti ist sehr gespannt.

Er flitzt ins Wohnzimmer.
Viele Geschenke
und sieben Kerzen erwarten ihn.

Das größte Paket
ist lang, flach und viereckig.
Basti reißt das bunte Papier auf.
Zum Vorschein kommt – ein Brett!

„Oh“, sagt Basti.
Mama lächelt und Papa grinst.
Zum Glück habe ich
noch andere Geschenke, denkt Basti.

Bald darauf klingelt es
an der Haustür.
Draußen steht Jannik.
„Herzlichen Glückwunsch, Basti!“

Janniks Geschenk
ist lang, flach und viereckig.
Noch ein Holzbrett.

Zum Glück schenkt Jannik Basti
noch ein Modellauto.

Wenig später trifft Onur ein.
Auch sein Geschenk
ist lang, flach und viereckig.
Wieder ein Brett.

Dann kommen Marlon, Konstantin,
Emil und Anne.
Mit ihnen kommen
vier neue Holzbretter.

Basti ist enttäuscht.
„Warte nur ab“, sagt Papa.
Mama verbindet Basti die Augen.
Alle begleiten ihn in den Garten.

Onur und Jannik führen Basti
an den Händen.
Kurz darauf
spürt Basti
etwas Raues und Rundes.

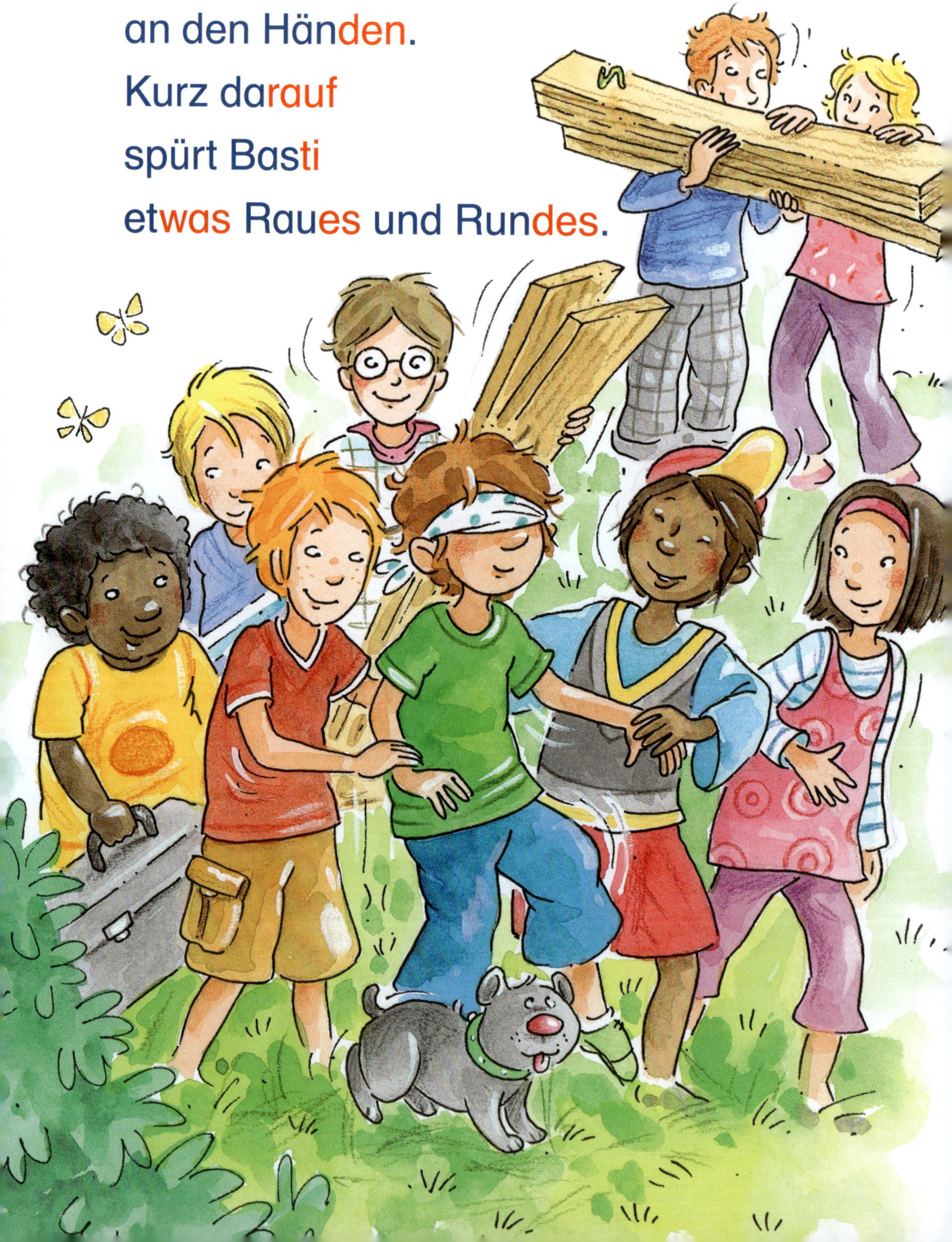

Basti streift die Binde ab.
Vor ihm ragt die Eiche in die Höhe.
Daneben liegen Bretter,
Nägel und Werkzeug.
Und Seile und eine Leiter.

Am Stamm hängt ein Bild.
Darauf ist ein Baumhaus zu sehen.
„Auf geht's!", ruft Papa.
Der Bau beginnt
und Basti ist der Ehren-Baumeister.

Am Nachmittag
ist das Baumhaus fertig.
„Es ist das allerschönste Geschenk“,
sagt Basti glücklich.

Das Geburtstagsessen findet
natürlich in der Baumkrone statt.

Der Baumhauszauber

Mara und Mick haben ein Baumhaus.
Es ist zauberhaft.
Alles, was man darin tut,
ist schöner als anderswo.
Lesen, Spielen, Reden,
sogar das Träumen.

Am Eingang steht:
„Für Eltern verboten!“
„Warum?“, fragt Mama.
„Eltern wiegen zu viel“, sagt Mara.

„Euer Baumhaus ist stabil“,
sagt Papa. „Das weiß ich genau.
Ich habe es gebaut.“
„Trotzdem“, erwidert Mick.
„Und überhaupt“, sagt Mara.

Mit der Zeit ist das Baumhaus
etwas schäbig geworden.
Es braucht einen neuen Anstrich.

„Bunt wäre toll“, sagt Mara.
„Au ja!“, ruft Mick.
„Dann haben wir ein Regenbogen-Haus!“
Bunte Farben sind teuer.
Das Taschengeld reicht dafür nicht.

Aber Mama und Papa
wollen nicht zahlen.
„Es ist euer Baumhaus“, sagt Mama.
Papa zuckt die Achseln.
„Wir dürfen sowieso nicht hinein.“

Mara und Mick denken im Baumhaus darüber nach.
Mick seufzt.
„Ich glaube, unser Baumhaus muss schäbig bleiben.“
Aber Mara schüttelt den Kopf.

Blasses Grau und Braun passen nicht
zu einem Zauber-Baumhaus.
„Man müsste Geld
herbeizaubern können“, seufzt Mara.

„Juhu, ich hab’s!“ Mick strahlt.
„Das können wir!“
„Wie denn?“, fragt Mara.
Mick erzählt ihr seine Idee.
„Au ja“, sagt Mara.
Ihre Augen leuchten.

Am nächsten Tag hat sich das Schild am Baumstamm verändert:

Mama und Papa lächeln und zahlen.
Mara liest „Karlsson vom Dach“.
Die Eltern applaudieren.

Am nächsten Tag kommen sie wieder.
Ein Stromkabel führt ins Baumhaus.
Ein DVD-Rekorder ist daran
angeschlossen.
Micks Baumhaus-Kino zeigt heute:
Wickie und die starken Männer.

Einen Tag später
lautet die Vorstellung:
Micks und Maras Baumhaus-Kasperle.

Und das ist nicht
der letzte Baumhaus-Zauber.
Viele schöne Vorstellungen folgen.

Bald erstrahlt das Baumhaus
in neuen Farben.
Es ist einfach zauberhaft!

Das Birkenhaus

Mitten auf dem größten Feld
steht eine hohe Birke.
Sie hat drei Stämme.

Vor den Feldern ist ein Wald.
Hinter den Feldern ist ein Bauernhof.

Jahr für Jahr pflügt der Bauer
mit dem Traktor um die Birke herum.
Er ärgert sich jedes Mal.
Er hätte die Furchen lieber schön gerade.

Andere freuen sich über den Baum.
Der Mäusebussard nimmt meistens
ganz oben Platz.
Der Feldhase ruht sich
im Schatten aus.

Und Ole und Madita klettern gern
in der Krone herum.
Die beiden sind Bauernhofkinder.

Sie befestigen ein Brett zum Sitzen
und eines als Lehne.
Wer auf der Baumbank sitzt,
hat schöne Gedanken.

Eines Tages fährt ihr Vater
zu nahe an die Birke heran.
Der Traktor streift einen Ast.
Die Frontscheibe bekommt
einen Riss.

Finster betrachtet der Bauer
den Schaden.
Am Abend holt er
die Kettensäge heraus.
„Der Baum kommt weg“,
brummt er.

„Aber das ist unser Baum“,
sagt Madita entsetzt.
„Er trägt unsere Bank!“, ruft Ole.
„Die Baumbank
mit der schönsten Aussicht
der Welt!“

„Der Baum kommt weg!“,
wiederholt der Vater.

Am selben Abend ärgert er sich
ein zweites Mal.
Im Wohnzimmer stolpert er
über ein Legohaus.
Ole und Madita haben es gebaut.

„Räumt das sofort weg!“,
schimpft der Vater.
„Sonst werfe ich es in die Legokiste,
dass es nur so kracht!“

Madita schimpft zurück:
„Man darf nicht einfach
etwas kaputt machen!“
„Das ist unser Haus!“, ruft Ole.

„Ins Bett mit euch!“,
brummt der Vater.

Im Bett denken Ole und Madita lange nach.
Was jemand baut,
darf jemand anders
nicht einfach kaputt machen.
Diese Regel gilt für die Kinder,
aber auch für die Eltern.

Plötzlich springt Madita auf.
„Ole!“, zischt sie aufgeregt.
„Ich habe eine Idee!“
„Sag schon“, flüstert Ole gespannt.

Später schleichen die Kinder los.
Sie arbeiten fast die ganze Nacht.

Am nächsten Morgen
gehen sie zur Schule.
Sie sind müde und zufrieden.

Der Vater greift
nach der Kettensäge.
Vor der Birke reibt er sich
die Augen.

Oles und Maditas Baumbank hat
ein Dach und Seitenwände bekommen.
Davor hängt ein Schild:
Das ist unser Birkenhaus.
Kaputt machen verboten!
Ole & Madita

Der Vater steht eine Weile davor.
Dann legt er die Kettensäge beiseite.

Leserabe Leserätsel

Super, du hast das ganze Buch geschafft! Hast du die Geschichten ganz genau gelesen? Der Leserabe hat sich ein paar spannende Rätsel für echte Lese-Detektive ausgedacht. Wenn du Rätsel 4 auf Seite 44 löst, kannst du ein Buchpaket gewinnen!

Rätsel 1

In dieser Buchstabenkiste haben sich vier Wörter aus den Geschichten versteckt. Findest du sie?

B	R	E	T	T	S	E
E	L	I	T	Z	C	B
E	L	C	L	I	U	I
W	T	H	T	U	Ä	R
Q	F	E	L	D	Z	K
K	A	H	S	R	U	E

Rätsel 2

Der Leserabe hat einige Wörter aus den Geschichten auseinandergeschnitten. Immer zwei Silben ergeben ein Wort. Schreibe die Wörter auf ein Blatt!

An- -tern Ge- -strich

-schenk klet-

Baum- -haus

Rätsel 3

In diesem Satz von Seite 28 sind sechs falsche Buchstaben versteckt. Lies ganz genau und trage die falschen Buchstaben der Reihe nach in die Kästchen ein.

Mitten Zauf dema größten Feuld steht beine ehohe Birker.

1	2	3	4	5	6

Lösungen
Rätsel 1: Brett, Feld, Eiche, Birke,
Rätsel 2: Baumhaus, Geschenk, klettern, Anstrich, **Rätsel 3:** Zauber

Leserabe

Rabenpost

Rätsel 4

Rätsel für die Rabenpost

Beantworte die Fragen zu den Geschichten. Wenn du dir nicht sicher bist, lies auf den Seiten noch mal nach!

1. Was bauen Basti und seine Freunde? (Seite 16/17)

B: Ein Baumhaus.

R: Eine Rutsche.

2. Wen laden Mick und Mara in ihr Baumhaus ein? (Seite 25)

L: Alle ihre Freunde.

A: Ihre Eltern.

3. Wem gehört das Birkenhaus? (Seite 40)

V: Es gehört dem Bauern.

K: Ole und Madita.

Lösungswort

1	2	N	3

Hast du das Lösungswort herausgefunden?
Dann kannst du jetzt tolle Preise gewinnen.

Gib das Lösungswort auf der Leserabe-Website
www.leserabe.de ein oder schick es mit der Post
an folgende Adresse:

An den Leseraben
Rabenpost
Postfach 2007
88190 Ravensburg
Deutschland

Lösungswort

An
den LESERABEN
RABENPOST
Postfach 2007
88190 Ravensburg
Deutschland

* Wir verwenden die Daten der Einsender nur für das Gewinnspiel und nicht für weitere Zwecke.
Alle weiteren Informationen zum Datenschutz und über unser Gewinnspiel findet ihr unter **www.leserabe.de.**

Leichter lesen lernen mit der

Silbenmethode

Durch die Kennzeichnung der einzelnen Silben in Rot und Blau lernen Kinder leichter lesen. Das gelingt so:

- Die einzelnen Wörter werden in Buchstabengruppen aufgeteilt. Diese kleinen Gruppen sind leichter zu erfassen als das ganze Wort.
- Die Buchstabengruppen sind ganz besondere Einheiten: Sie zeigen die **Sprech-Silben** an, den Schlüssel, um ein Wort richtig lesen und verstehen zu können.

Zum Beispiel können bei dem Wort „Giraffe“ auch die ersten drei Buchstaben „Gir“ als Gruppe gelesen werden: Gir - af - fe. Das könnte dann der Name einer besonderen Affenart sein.

Mit den farbigen Silben dagegen werden sofort die richtigen Buchstabengruppen erkannt: **Giraffe**. Beim Lesen ergibt sich automatisch der richtige Sinn: Es ist das Tier mit dem langen Hals gemeint.

Dadurch lesen alle Erstlesekinder leichter und besser – und auch die nicht so starken Leser können schneller Erfolge erzielen.

Die farbigen Silben helfen aber nicht nur beim Lesen, sondern auch bei der **Rechtschreibung**. Das Erstlesekind nimmt von Anfang an die Silbengliederung der Wörter wahr – und kann so die richtige Schreibweise ableiten.

Die original Mildenberger Silbenmethode wird seit über einem Jahrzehnt an vielen Grundschulen unterrichtet und führt bei Kindern nachweislich zu schnellerem Leseerfolg.

Weitere Informationen zur Silbenmethode auf:
www.silbenmethode.de